The Little Mermaid
La Petite Sirène

Hans Christian Andersen

Bilingual Fairy Tale in English and French
Translated into French by David Soldi, into English by Hans Lien Brækstad
Illustration by Svetlana Bagdasaryan

Far out at sea the water is as blue as the petals of the most beautiful cornflower, and as clear as the purest crystal, but it is very deep—deeper than any cable can reach. Many church towers would have to be placed one on the top ot another to reach from the bottom to the surface of the sea. Down there live the mermen and the mermaids.

Now you must not think that there is only the bare, white sandy bottom down there. No, the most wonderful trees and plants grow there, the stalks and leaves of which are so pliable that the least movement of the water sets them in motion, just as if they were alive. All the fishes, big and small, glide in and out among the branches, just as the birds do up above in the air. In the deepest place of all lies the palace of the Sea King, the walls of which are of corals and the long, pointed windows of clearest amber, but the roof is made of mussel shells, which open and shut with the motion of the water. It is a lovely sight, for in each shell lie pearls, a single one of which would be a great gem in a queen's crown.

The Sea King had been a widower for many years, but his old mother kept house for him. She was a wise woman, but very proud of her noble rank, and therefore she used to wear twelve oysters on her tail, while other grand folks were allowed to wear only six.

In other respects she deserved great praise, especially because she was so very fond of the sea princesses, her granddaughters. They were six beautiful children, but the youngest was the most beautiful of them all. Her skin was as clear and as delicate as a rose-petal, and her eyes as blue as the deepest sea, but, like all the others, she had no feet. Her body ended in a fish's tail.

All day long they played in the large halls of the palace, where living flowers grew out of the walls. The large amber windows were opened, and the fishes then swam into them, just as the swallows fly in to us when we open the windows; but the fishes swam right up to the little princesses, ate from their hands, and let themselves be stroked.

Outside the palace was a large garden with fiery-red and dark-blue trees; the fruits beamed like gold and the flowers like burning flames, because they continually moved their stalks and leaves to and fro. The ground itself was of the finest sand, but as blue as sulphur flames. A strange blue light shone upon everything down there. It was easier to believe that one was high up in the air, with only the blue sky above and beneath one, than that one was at the bottom of the sea.

In calm weather one could see the sun, which looked like a purple flower from the cup of which all the light streamed forth.

Bien loin dans la mer, l'eau est bleue comme les feuilles des bluets, pure comme le verre le plus transparent, mais si profonde qu'il serait inutile d'y jeter l'ancre, et qu'il faudrait y entasser une quantité infinie de tours d'églises les unes sur les autres pour mesurer la distance du fond à la surface. C'est là que demeure le peuple de la mer.

Mais n'allez pas croire que ce fond se compose seulement de sable blanc ; non, il y croît des plantes et des arbres bizarres, et si souples, que le moindre mouvement de l'eau les fait s'agiter comme s'ils étaient vivants. Tous les poissons, grands et petits, vont et viennent entre les branches comme les oiseaux dans l'air. À l'endroit le plus profond se trouve le château du roi de la mer, dont les murs sont de corail, les fenêtres de bel ambre jaune, et le toit de coquillages qui s'ouvrent et se ferment pour recevoir l'eau ou pour la rejeter. Chacun de ces coquillages referme des perles brillantes dont la moindre ferait honneur à la couronne d'une reine.

Depuis plusieurs années le roi de la mer était veuf, et sa vieille mère dirigeait sa maison. C'était une femme spirituelle, mais si fière de son rang, qu'elle portait douze huîtres à sa queue tandis que les autres grands personnages n'en portaient que six.

Elle méritait des éloges pour les soins qu'elle prodiguait à ses six petites filles, toutes princesses charmantes. Cependant la plus jeune était plus belle encore que les autres ; elle avait la peau douce et diaphane comme une feuille de rose, les yeux bleus comme un lac profond ; mais elle n'avait pas de pieds : ainsi que ses sœurs, son corps se terminait par une queue de poisson.

Toute la journée, les enfants jouaient dans les grandes salles du château, où des fleurs vivantes poussaient sur les murs. Lorsqu'on ouvrait les fenêtres d'ambre jaune, les poissons y entraient comme chez nous les hirondelles, et ils mangeaient dans la main des petites sirènes qui les caressaient.

Devant le château était un grand jardin avec des arbres d'un bleu sombre ou d'un rouge de feu. Les fruits brillaient comme de l'or, et les fleurs, agitant sans cesse leur tige et leurs feuilles, ressemblaient à de petites flammes. Le sol se composait de sable blanc et fin, et une lueur bleue merveilleuse, qui se répandait partout, aurait fait croire qu'on était dans l'air, au milieu de l'azur du ciel, plutôt que sous la mer.

Les jours de calme, on pouvait apercevoir le soleil, semblable à une petite fleur de pourpre versant la lumière de son calice.

Each of the young princesses had her own little plot in the garden, where she might dig and plant as she pleased. One gave her flower-bed the shape of a whale, another preferred hers to resemble a little mermaid; but the youngest made hers quite round like the sun, and grew only flowers that gleamed red like the sun itself.

She was a strange child, quiet and thoughtful; and when her other sisters decked themselves out with the most wonderful things which they obtained from wrecked ships, she cared only for her flowers, which were like the sun up yonder, and for a beautiful marble statue, a beautiful boy hewed out of pure white stone, which had sunk to the bottom of the sea from a wreck. She planted close by the statue a rose-colored weeping willow, which grew luxuriantly, and hung its fresh branches right over it down to the blue, sandy ground. Its shadow was violet and moved to and fro like its branches. It looked as if the top and the roots played at kissing one another.

Nothing gave her greater joy than to hear about the world above and its people.

* * *

Chacune des princesses avait dans le jardin son petit terrain, qu'elle pouvait cultiver selon son bon plaisir. L'une lui donnait la forme d'une baleine, l'autre celle d'une sirène ; mais la plus jeune fit le sien rond comme le soleil, et n'y planta que des fleurs rouges comme lui.

C'était une enfant bizarre, silencieuse et réfléchie. Lorsque ses sœurs jouaient avec différents objets provenant des bâtiments naufragés, elle s'amusait à parer une jolie statuette de marbre blanc, représentant un charmant petit garçon, placée sous un saule pleureur magnifique, couleur de rose, qui la couvrait d'une ombre violette.

Son plus grand plaisir consistait à écouter des récits sur le monde où vivent les hommes.

Her old grandmother had to tell her all she knew about ships and towns, about human beings and animals. What seemed to her particularly strange and beautiful was that up on the earth the flowers gave out a fragrance which they did not do at the bottom of the sea, and that the woods were green, and the fish, which were to be seen there among the branches, could sing so loudly and beautifully that it did one's heart good to hear them. It was the little birds that her grandmother used to call fishes, for otherwise the mermaids would not have understood her, as they had never seen a bird.

"When you are fifteen years old," said her grandmother, "you will be allowed to rise to the surface of the sea and sit on the rocks in the moonlight and look at the big ships which sail past; and forests and towns you shall also see."

The following year one of the sisters would be fifteen, but the others—well, each of them was a year younger than the other, so the youngest would have to wait five long years before she could venture up from the bottom of the sea and have a look at the world above. But they promisedto tell one another what they had seen on the first day and found to be most beautiful; for their grandmother had not told them enough, there was so much they wanted to know more about.

No one longed more that her time should come than the youngest, who had the longest time to wait, and who was so quiet and thoughtful. Many a night did she stand at the open window, looking up through the dark-blue water, where the fishes were beating about with their tails and fins. She could see the moon and the stars shining, although somewhat indistinctly, but through the water they appeared much larger than to our eves.

If something like a black cloud passed between her and the moon, she knew it was either a whale swimming above her, or a ship sailing past with many people on board; they could have no idea that a lovely little mermaid was standing below them, stretching her white hands up toward the keel of their ship.

The eldest princess was now fifteen years of age, and might venture up to the surface of the water. When she came back, she had hundreds of things to tell; but the loveliest of all, she said, was to lie in the moonlight on a sand-bank when the sea was calm, and see the big city close to the coast, where the lights were twinkling like hundreds of stars, to hear the music and the noise and rattle of the carriages and people, to see the many church towers and steeples, and hear the bells ringing. Just because she could not get there, she longed most of all for this.

Toujours elle priait sa vieille grand'mère de lui parler des vaisseaux, des villes, des hommes et des animaux. Elle s'étonnait surtout que sur la terre les fleurs exhalassent un parfum qu'elles n'ont pas sous les eaux de la mer, et que les forêts y fussent vertes. Elle ne pouvait pas s'imaginer comment les poissons chantaient et sautillaient sur les arbres. La grand'mère appelait les petits oiseaux despoissons ; sans quoi elle ne se serait pas fait comprendre.

« Lorsque vous aurez quinze ans, dit la grand'mère, je vous donnerai la permission de monter à la surface de la mer et de vous asseoir au clair de la lune sur des rochers, pour voir passer les grands vaisseaux et faire connaissance avec les forêts et les villes. »

L'année suivante, l'aînée des sœurs allait atteindre sa quinzième année, et comme il n'y avait qu'une année de différence entre chaque sœur, la plus jeune devait encore attendre cinq ans pour sortir du fond de la mer. Mais l'une promettait toujours à l'autre de lui faire le récit des merveilles qu'elle aurait vues à sa première sortie ; car leur grand'mère ne parlait jamais assez, et il y avait tant de choses qu'elles brûlaient de savoir !

La plus curieuse, c'était certes la plus jeune ; souvent, la nuit, elle se tenait auprès de la fenêtre ouverte, cherchant à percer de ses regards l'épaisseur de l'eau bleue que les poissons battaient de leurs nageoires et de leur queue. Elle aperçut en effet la lune et les étoiles, mais elles lui paraissaient toutes pâles et considérablement grossies par l'eau.

Lorsque quelque nuage noir les voilait, elle savait que c'était une baleine ou un navire chargé d'hommes qui nageait au-dessus d'elle. Certes, ces hommes ne pensaient pas qu'une charmante petite sirène étendait au-dessous d'eux ses mains blanches vers la carène.

Le jour vint où la princesse aînée atteignit sa quinzième année, et elle monta à la surface de la mer. À son retour, elle avait mille choses à raconter. « Oh ! disait-elle, c'est délicieux de voir, étendue au clair de la lune sur un banc de sable, au milieu de la mer calme, les rivages de la grande ville où les lumières brillent comme des centaines d'étoiles ; d'entendre la musique harmonieuse, le son des cloches des églises, et tout ce bruit d'hommes et de voitures ! »

Oh, how the youngest sister listened to every word! And when, later on in the evening, she stood by the open window and looked up through the dark-blue water, she thought of the large city with all its noise and bustle, and then she thought she could hear the church bells ringing down where she was.

The year after the second sister was allowed to go to the surface and to swim about where she pleased. She emerged above the water just as the sun was setting, and this sight she found to be the loveliest of all.

The whole of the heavens looked like gold, she said; and the clouds—well—she could not sufficiently describe their glory! Red and purple, they had sailed past above her head, but much more rapidly than the clouds flew a flock of wild swans, like a long white veil, over the water toward where the sun stood; she swam toward it, but it sank below the horizon, and the rosy hue on the water and the clouds vanished.

The year after the third sister came up to the surface; she was the boldest of them all, and swam up a broad river which ran into the sea. She saw beautiful green hills, covered with vines; palaces and houses peeped out between the mighty trees of the forests, and she heard how all the birds were singing. The sun shone so warm that she often had to dive under the water to cool her burning face. In a little bay she came across a whole flock of children, who ran and splashed about, quite naked, in the water; she wanted to play with them, but they ran away in great fright, when a little black animal—it was a dog, but she had never seen one before—began barking so terribly at her that she became frightened and made her way back to the open seas. But she could never forget the mighty forests, the green hills, and the beautiful children who could swim about in the water, although they had no fish's tail.

The fourth sister was not so daring; she remained far out at sea among the wild waves; and there, she said, was certainly the loveliest place one could see for many miles around, and above rose the heavens liks a big glass bell. She had seen ships, but they were far away and looked like sea-gulls; the lively dolphins had made somersaults, and the great whales had spouted water from their nostrils till it seemed as if there were a hundred fountains all around.

Now came the fifth sister's turn; her birthday was in the winter, and therefore she saw what the others had not seen the first time.

The sea looked quite green, and great icebergs were floating about, each looking like a pearl, she said, and yet they were much larger than the church towers built by men.

Oh ! comme sa petite sœur l'écoutait attentivement ! Tous les soirs, debout à la fenêtre ouverte, regardant à travers l'énorme masse d'eau, elle rêvait à la grande ville, à son bruit et à ses lumières, et croyait entendre sonner les cloches tout près d'elle.

L'année suivante, la seconde des sœurs reçut la permission de monter. Elle sortit sa tête de l'eau au moment où le soleil touchait à l'horizon, et la magnificence de ce spectacle la ravit au dernier point.

« Tout le ciel, disait-elle à son retour, ressemblait à de l'or, et la beauté des nuages était au-dessus de tout ce qu'on peut imaginer. Ils passaient devant moi, rouges et violets, et au milieu d'eux volait vers le soleil, comme un long voile blanc, une bande de cygnes sauvages. Moi aussi j'ai voulu nager vers le grand astre rouge ; mais tout à coup il a disparu, et la lueur rose qui teignait la surface de la mer ainsi que les nuages s'évanouit bientôt. »

Puis vint le tour de la troisième sœur. C'était la plus hardie, aussi elle remonta le cours d'un large fleuve. Elle vit d'admirables collines plantées de vignes, de châteaux et de fermes situés au milieu de forêts superbes. Elle entendit le chant des oiseaux, et la chaleur du soleil la força à se plonger plusieurs fois dans l'eau pour rafraîchir sa figure. Dans une baie, elle rencontra une foule de petits êtres humains qui jouaient en se baignant. Elle voulut jouer avec eux, mais ils se sauvèrent tout effrayés, et un animal noir — c'était un chien — se mit à aboyer si terriblement qu'elle fut prise de peur et regagna promptement la pleine mer. Mais jamais elle ne put oublier les superbes forêts, les collines vertes et les gentils enfants qui savaient nager, quoiqu'ils n'eussent point de queue de poisson.

La quatrième sœur, qui était moins hardie, aima mieux rester au milieu de la mer sauvage, où la vue s'étendait à plusieurs lieues, et où le ciel s'arrondissait au-dessus de l'eau comme une grande cloche de verre. Elle apercevait de loin les navires, pas plus grands que des mouettes ; les dauphins joyeux faisaient des culbutes, et les baleines colossales lançaient des jets d'eau de leurs narines.

Le tour de la cinquième arriva ; son jour tomba précisément en hiver : aussi vit-elle ce que les autres n'avaient pas encore pu voir. La mer avait une teinte verdâtre, et partout nageaient, avec des formes bizarres, et brillantes comme des diamants, des montagnes de glace.

« Chacune d'elles, disait la voyageuse, ressemble à une perle plus grosse que les tours d'église que bâtissent les hommes. »

They were of the most wonderful shapes, and glittered like diamonds. She had settled herself on one of the largest of them, and all the ships with their terror-stricken crews eluded the place where she sat, and let the wind play with her long hair. But toward evening the sky became overcast with clouds; it thundered and lightened, and the dark waves lifted the big ice blocks high up, while they shone brightly at every flash of lightning. All the ships' sails were reefed, the minds of those on board were filled with fear and anxiety; but she sat quietly on her floating iceberg, and saw the blue flashes of forked lightning strike down into the glittering sea.

When the sisters came to the surface of the water the first time, they were always delighted with all the new and beautiful sights they saw; but now, when they, as grown-up girls, were allowed to go up when they liked, they became indifferent and longed to be home again, and after a month had passed they said it was best, after all, down at their place, and, besides, it was much more pleasant at home.

Many an evening the five sisters would take one another by the arm and ascend together to the surface. They had beautiful voices—more beautiful than any human being; and when a storm was gathering, and they expected ships would be wrecked, they swam in front of the ships, and sang so sweetly of the delights to be found at the bottom of the sea, and told the sailors not to be afraid of coming down there. But the sailors could not understand their language: they believed it was the storm. Nor did they ever see the splendors down there; for when the ships went down the men were drowned, and reached the palace of the Sea King only as corpses.

When, in the evenings, the sisters thus rose, arm in arm, high up through the water, the little sister would stand all alone looking after them, feeling as if she could cry; but a mermaid has no tears, and therefore she suffered all the more.

"Oh, if I were only fifteen! she said. "I know I shall love the world up above, and all the people who live and dwell there."

At last she was fifteen years old.

"Well, now you are off our hands," said her grandmother, the old queen-dowager. "Come here, let me deck you like your other sisters." And she put a wreath of white lilies in her hair; every leaf in the flowers was half a pearl. The old lady ordered eight large oysters to hang on to the princess's tail, to show her high rank.

"But it hurts so!" said the little mermaid.

"Well, one has to suffer for appearances," said the old lady.

Oh, how gladly would she not have shaken off all this finery and put aside the heavy wreath! The red flowers in her garden would have suited her much better, but she dared not make any change now.

Elle s'était assise sur une des plus grandes, et tous les navigateurs se sauvaient de cet endroit où elle abandonnait sa longue chevelure au gré des vents. Le soir, un orage couvrit le ciel de nuées ; les éclairs brillèrent, le tonnerre gronda, tandis que la mer, noire et agitée, élevant les grands monceaux de glace, les faisait briller de l'éclat rouge des éclairs. Toutes les voiles furent serrées, la terreur se répandit partout ; mais elle, tranquillement assise sur sa montagne de glace, vit la foudre tomber en zigzag sur l'eau luisante.

La première fois qu'une des sœurs sortait de l'eau, elle était toujours enchantée de toutes les nouvelles choses qu'elle apercevait ; mais, une fois grandie, lorsqu'elle pouvait monter à loisir, le charme disparaissait, et elle disait au bout d'un mois qu'en bas tout était bien plus gentil, et que rien ne valait son chez-soi.

Souvent, le soir, les cinq sœurs, se tenant par le bras, montaient ainsi à la surface de l'eau. Elles avaient des voix enchanteresses comme nulle créature humaine, et, si par hasard quelque orage leur faisait croire qu'un navire allait sombrer, elles nageaient devant lui et entonnaient des chants magnifiques sur la beauté du fond de la mer, invitant les marins à leur rendre visite. Mais ceux-ci ne pouvaient comprendre les paroles des sirènes, et ils ne virent jamais les magnificences qu'elles célébraient ; car, aussitôt le navire englouti, les hommes se noyaient, et leurs cadavres seuls arrivaient au château du roi de la mer.

Pendant l'absence de ses cinq sœurs, la plus jeune, restée seule auprès de la fenêtre, les suivait du regard et avait envie de pleurer. Mais une sirène n'a point de larmes, et son cœur en souffre davantage.

« Oh ! si j'avais quinze ans ! disait-elle, je sens déjà combien j'aimerais le monde d'en haut et les hommes qui l'habitent. »

Le jour vint où elle eut quinze ans.

« Tu vas partir, lui dit sa grand'mère, la vieille reine douairière : viens que je fasse ta toilette comme à tes sœurs. »

Et elle posa sur ses cheveux une couronne de lis blancs dont chaque feuille était la moitié d'une perle ; puis elle fit attacher à la queue de la princesse huit grandes huîtres pour désigner, son rang élevé.

« Comme elles me font mal ! dit la petite sirène.

— Si l'on veut être bien habillée, il faut souffrir un peu, » répliqua la vieille reine.

Cependant la jeune fille aurait volontiers rejeté tout ce luxe et la lourde couronne qui pesait sur sa tête. Les fleurs rouges de son jardin lui allaient beaucoup mieux ; mais elle n'osa pas faire d'observations.

"Farewell!" she said, and rose through the water as light and bright as a bubble.

The sun had just set as she lifted her head above the sea, but all the clouds still gleamed like roses and gold, and in the middle of the pale-red sky the evening star shone bright and beautiful. The air was mild and fresh, and the sea calm.

A large ship with three masts was lying close to her, with only one sail set. Not a breath of wind stirred, and the sailors were lying idly about among the rigging and across the yards. There was music and song aboard, and as the evening became darker hundreds of gaily colored lanterns were lighted. It looked as if the flags of all nations were waving in the air. The little mermaid swam right up to the cabin window, and every time the waves lifted her up she could look in through the polished panes and see many finely dressed people standing in the cabin. But the handsomest of all was the young prince with the large black eyes. He could not be more than sixteen years old. It was his birthday which was being celebrated with all these festivities.

The sailors were dancing on deck, and when the young prince stepped out a hundred rockets shot up into the air, making everything look as bright as by daylight, so that the little mermaid became quite frightened and dived under the water. But she soon put her head above the water again, and it then seemed to her as if all the stars of heaven were falling down upon her. Such showers of fire she had never seen before. Large suns whizzed round and round, and gorgeous fiery fishes flew about in the blue air, while everything was reflected in the calm, smooth sea. The ship was so brilliantly lighted up that even the smallest ropes could be seen distinctly, and the people on board still more so. How handsome the young prince was! He pressed the hands of the men and laughed and smiled, while the music rang out in the beautiful night.

It was late, but the little mermaid could not turn her eyes away from the ship and the handsome prince. The brightly colored lanterns were being extinguished, the rockets did not rise any more into the air, nor were any more cannons fired; but below in the sea a rumbling and buzzing sound was heard. The little mermaid sat rocking up and down on the waves so that she could look into the cabin. But the ship was beginning to make greater headway; one sail after another was unfurled, and the billows now rose higher and higher; large clouds were gathering, and far away flashes of lightning were seen. Oh, what terrible weather was coming on!

The sailors had now to take in the sails; the big ship rushed at full speed through the wild seas; the waves rose like big black rocks, as if they would throw over the masts; but the ship dived just like a swan between them, only to be lifted up again on the top of the towering billows.

« Adieu ! » dit-elle ; et, légère comme une bulle de savon, elle traversa l'eau.

Lorsque sa tête apparut à la surface de la mer, le soleil venait de se coucher ; mais les nuages brillaient encore comme des roses et de l'or, et l'étoile du soir étincelait au milieu du ciel. L'air était doux et frais, la mer paisible. Près de la petite sirène se trouvait un navire à trois mâts ; il n'avait qu'une voile dehors, à cause du calme, et les matelots étaient assis sur les vergues et sur les cordages. La musique et les chants y résonnaient sans cesse, et à l'approche de la nuit on alluma cent lanternes de diverses couleurs suspendues aux cordages : on aurait cru voir les pavillons de toutes les nations. La petite sirène nagea jusqu'à la fenêtre de la grande chambre, et, chaque fois que l'eau la soulevait, elle apercevait à travers les vitres transparentes une quantité d'hommes magnifiquement habillés. Le plus beau d'entre eux était un jeune prince aux grands cheveux noirs, âgé d'environ seize ans, et c'était pour célébrer sa fête que tous ces préparatifs avaient lieu.

Les matelots dansaient sur le pont, et lorsque le jeune prince s'y montra, cent fusées s'élevèrent dans les airs, répandant une lumière comme celle du jour. La petite sirène eut peur et s'enfonça dans l'eau ; mais bientôt elle reparut, et alors toutes les étoiles du ciel semblèrent pleuvoir sur elle. Jamais elle n'avait vu un pareil feu d'artifice ; de grands soleils tournaient, des poissons de feu fendaient l'air, et toute la mer, pure et calme, brillait. Sur le navire on pouvait voir chaque petit cordage, et encore mieux les hommes. Oh ! que le jeune prince était beau ! Il serrait la main à tout le monde, parlait et souriait à chacun tandis que la musique envoyait dans la nuit ses sons harmonieux.

Il était tard, mais la petite sirène ne put se lasser d'admirer le vaisseau et le beau prince. Les lanternes ne brillaient plus et les coups de canon avaient cessé ; toutes les voiles furent successivement déployées et le vaisseau s'avança rapidement sur l'eau. La princesse le suivit, sans détourner un instant ses regards de la fenêtre. Mais bientôt la mer commença à s'agiter ; les vagues grossissaient, et de grands nuages noirs s'amoncelaient dans le ciel. Dans le lointain brillaient les éclairs, un orage terrible se préparait. Le vaisseau se balançait sur la mer impétueuse, dans une marche rapide. Les vagues, se dressant comme de hautes montagnes, tantôt le faisaient rouler entre elles comme un cygne, tantôt l'élevaient sur leur cime.

The little mermaid thought this was tine sport, but the sailors were of a different opinion. The ship creaked and groaned, the massive planks gave way to the violent shocks of the seas against the ship, the masts snapped in two just like reeds, and the ship rolled to and fro, while the seas penetrated into the hold. The little mermaid now understood that the ship was in danger, and she herself had to beware of the beams and fragments of the ship that were drifting about in the water.

At one moment it was so pitch-dark that she could not see a single object; but the next, when it lightened, she could see so clearly again that she recognized all the people on the ship. All were looking out for themselves as best they could. She looked anxiously for the young prince, and she saw him just as the ship was going down, sinking into the deep sea. She was at first greatly pleased, for now he would come down to her; but then she remembered that human beings cannot live in the water, and that it would only be his dead body that could come down to her father's palace. No, he must not die; and she therefore swam about among the beams and planks that were drifting about in the water, quite forgetting that they might have crushed her to death. She dived down deep under the water, and rose again high up among the waves.

* * *

La petite sirène se plut d'abord à ce voyage accidenté ; mais, lorsque le vaisseau, subissant de violentes secousses, commença à craquer, lorsque tout à coup le mât se brisa comme un jonc, et que le vaisseau se pencha d'un côté tandis que l'eau pénétrait dans la cale, alors elle comprit le danger, et elle dut prendre garde elle-même aux poutres et aux débris qui se détachaient du bâtiment.

Par moments il se faisait une telle obscurité, qu'elle ne distinguait absolument rien ; d'autres fois, les éclairs lui rendaient visibles les moindres détails de cette scène. L'agitation était à son comble sur le navire ; encore une secousse ! il se fendit tout à fait, et elle vit le jeune prince s'engloutir dans la mer profonde. Transportée de joie, elle crut qu'il allait descendre dans sa demeure ; mais elle se rappela que les hommes ne peuvent vivre dans l'eau, et que par conséquent il arriverait mort au château de son père. Alors, pour le sauver, elle traversa à la nage les poutres et les planches éparses sur la mer, au risque de se faire écraser, plongea profondément sous l'eau à plusieurs reprises, et ainsi elle arriva jusqu'au jeune prince, au moment où ses forces commençaient à l'abandonner et où il fermait déjà les yeux, près de mourir. La petite sirène le saisit, soutint sa tête au-dessus de l'eau, puis s'abandonna avec lui au caprice des vagues.

15

She came at last to the young prince, who could hardly swim any longer in the stormy sea. His arms and legs began to fail him, his beautiful eyes closed, and he would have met his death had not the little mermaid come to his assistance. She kept his head above water, and let the waves drift with her and the prince whither they liked.

In the early morning the bad weather was over, and not a splinter was to be seen of the ship. The sun rose red and shining out of the water, and it seemed to bring back life to the prince's cheeks; but his eyes remained closed. The mermaid kissed his high, fair forehead, and stroked back his wet hair. She thought he was like the marble statue down in her garden. She kissed him and wished that he might live.

She now saw in front of her the mainland, with lofty blue mountains,, on the top of which the white snow looked as bright as if large flocks of swans had settled there. Down by the shore were beautiful green forests, in front of which lay a church or a convent, she did not know which, only that it was a building.

* * *

Le lendemain matin, le beau temps était revenu, mais il ne restait plus rien du vaisseau. Un soleil rouge, aux rayons pénétrants, semblait rappeler la vie sur les joues du prince ; mais ses yeux restaient toujours fermés. La sirène déposa un baiser sur son front et releva ses cheveux mouillés. Elle lui trouva une ressemblance avec la statue de marbre de son petit jardin, et fit des vœux pour son salut.

Elle passa devant la terre ferme, couverte de hautes montagnes bleues à la cime desquelles brillait la neige blanche. Au pied de la côte, au milieu d'une superbe forêt verte, s'étendait un village avec une église ou un couvent. En dehors des portes s'élevaient de grands palmiers, et dans les jardins croissaient des orangers et des citronniers ; non loin de cet endroit, la mer formait un petit golfe, s'allongeant jusqu'à un rocher couvert d'un sable fin et blanc.

Thither the little mermaid swam with the handsome prince, and placed him on the sand, taking great care that his head should lie raised in the sunshine.

The bells in the large white building now began ringing, and a number of young girls came out into the garden. The little mermaid then swam some distance farther out to a place behind some high rocks which rose out of the water, and covered her head and her shoulders with sea foam, so that no one could see her little face; and from here she watched to see who would discover the poor prince.

She had not long to wait before a young girl came to the place. She seemed quite frightened, but only for a moment; then she fetched some people, and the mermaid saw how the prince came back to life, and that he smiled to all around him; but he did not send a smile in her direction, for how could he know that she had saved him? She became very sad, and when he was brought into the great building she dived under the water and returned to her father's palace, greatly distressed in mind.

She had always been quiet and thoughtful, but now she became more so than ever. Her sisters asked her what she had seen on her first visit up above, but she would not tell them anything.

Many an evening and morning she visited the place where she had left the prince. She saw how the fruits in the garden ripened and were plucked, she saw how the snow melted on the lofty mountains; but the prince she did not see, and therefore she always returned home still more sorrowful than before. Her only comfort was to sit in her little garden and throw her arms round the beautiful marble statue which resembled the prince. She neglected her flowers, which soon grew, as if in a wilderness, over the paths, and twined their long stalks and leaves around the branches of the trees till the place became quite dark.

At last she could endure it no longer, and told her story to one of her sisters, and then all the other sisters got to know it; but no one else knew anything except themselves and a couple of other mermaids, who did not speak about it to anyone except to their nearest and dearest friends. One of these knew who the prince was. She had also seen the festivities on board the ship, and knew where he came from, and where his kingdom lay.

"Come along with us, little sister," said the other princesses, and with their arms around each other's shoulders they ascended to the surface in front of the place where the prince's palace lay.

C'est là que la sirène déposa le prince, ayant soin de lui tenir la tête haute et de la présenter aux rayons du soleil.

Bientôt les cloches de l'église commencèrent à sonner, et une quantité de jeunes filles apparurent dans un des jardins. La petite sirène s'éloigna en nageant, et se cacha derrière quelques grosses pierres pour observer ce qui arriverait au pauvre prince.

Quelques moments après, une des jeunes filles vint à passer devant lui ; d'abord, elle parut s'effrayer, mais, se remettant aussitôt, elle courut chercher d'autres personnes qui prodiguèrent au prince toute espèce de soins. La sirène le vit reprendre ses sens et sourire à tous ceux qui l'entouraient ; à elle seule il ne sourit pas, ignorant qui l'avait sauvé. Aussi, lorsqu'elle le vit conduire dans une grande maison, elle plongea tristement et retourna au château de son père.

Elle avait toujours été silencieuse et réfléchie ; à partir de ce jour, elle le devint encore davantage. Ses sœurs la questionnèrent sur ce qu'elle avait vu là-haut, mais elle ne raconta rien.

Plus d'une fois, le soir et le matin, elle retourna à l'endroit où elle avait laissé le prince. Elle vit mûrir les fruits du jardin, elle vit fondre la neige sur les hautes montagnes, mais elle ne vit pas le prince ; et elle retournait toujours plus triste au fond de la mer. Là, sa seule consolation était de s'asseoir dans son petit jardin et d'entourer de ses bras la jolie statuette de marbre quiressemblait au prince, tandis que ses fleurs négligées, oubliées, s'allongeaient dans les allées comme dans un lieu sauvage, entrelaçaient leurs longues tiges dans les branches des arbres, et formaient ainsi des voûtes épaisses qui obstruaient la lumière.

Enfin cette existence lui devint insupportable ; elle confia tout à une de ses sœurs, qui le raconta aussitôt aux autres, mais à elles seules et à quelques autres sirènes qui ne le répétèrent qu'à leurs amies intimes. Il se trouva qu'une de ces dernières, ayant vu aussi la fête célébrée sur le vaisseau, connaissait le prince et savait l'endroit où était situé son royaume.

« Viens, petite sœur, » dirent les autres princesses ; et, s'entrelaçant les bras sur les épaules, elles s'élevèrent en file sur la mer devant le château du prince.

It was built of a kind of light-yellow shining stone, with large flights of marble stairs, one of which went right down to the sea. Magnificent gilt cupolas rose above the roof, and between the columns which surrounded the whole building stood marble statues which looked as if they were alive.

Through the clear glass in the lofty windows one could see into the most magnificent halls, with costly silk curtains and tapestries. On the walls hung large paintings, which it was a pleasure to look at. In the middle of the largest hall a big fountain was playing, its jets reaching right up into the glass cupola of the ceiling, through which the sun shone on the water, and on the beautiful plants which grew in the large basin.

Now she knew where he lived, and many an evening and night did she come there. She swam much nearer the shore than any of the others had dared to do; she even went right up the narrow canal under the splendid marble balcony which threw a long shadow out over the water. Here she would sit and look at the young prince, who believed he was all alone in the bright moonlight.

* * *

Ce château était construit de pierres jaunes et luisantes ; de grands escaliers de marbre conduisaient à l'intérieur et au jardin ; plusieurs dômes dorés brillaient sur le toit, et entre les colonnes des galeries se trouvaient des statues de marbre qui paraissaient vivantes.

Les salles, magnifiques, étaient ornées de rideaux et de tapis incomparables, et les murs couverts de grandes peintures. Dans le grand salon, le soleil réchauffait, à travers un plafond de cristal, les plantes les plus rares, qui poussaient dans un grand bassin au-dessous de plusieurs jets d'eau.

Dès lors, la petite sirène revint souvent à cet endroit, la nuit comme le jour ; elle s'approchait de la côte, et osait même s'asseoir sous le grand balcon de marbre qui projetait son ombre bien avant sur les eaux.

Many an evening she saw him sailing in his magnificent boat, with music and waving flags on board, while she peeped out from among the green rushes; and if the wind caught hold of her long silver-white veil, anyone who saw it thought it was a swan which was spreading out its wings.

Many a night she heard the many good things the fishermen said about the young prince, and she rejoiced to think she had saved his life; but he knew nothing at all about this, and could not even dream of her.

More and more she came to love human beings; more and more she wished to be able to be among them. Their world, she thought, was far larger than hers. They could fly across the seas in their ships, and they could climb the lofty mountains, high above the clouds; and the countries they possessed, with forests and fields, stretched farther than her eyes could reach. There was so much she wanted to know, but her sisters could not answer everything; so she asked the old grandmother, who knew the upper world well, as she rightly called the countries above the sea.

"If human beings are not drowned," asked the little mermaid, "can they go on living forever? Do they not die as we die down here in the sea?"

"Yes," said the old lady, "they must also die, and their term of life is even shorter than ours. We can live to be three hundred years old; but when we then cease to exist we only become foam on the water, and have not even a grave down here among our dear ones. We have not an immortal soul; we shall never live again. We are like the green rushes: when once cut down we can never live again. Human beings, however, have a soul which lives forever—which lives after the body has become dust: it rises up through the clear air, up to all the shining stars. Just as we rise up out of the sea and see the countries of the world, so do they ascend to unknown beautiful places which we shall never see."

"Why did we not receive an immortal soul?" asked the little mermaid in a sad tone. "I would give all the hundreds of years I have to live to be a human being only for a day, and afterward share the joys of the upper world!"

"You must not go on thinking of that," said the old lady; "we are much happier and better off than the human beings up there."

"So I must die and float as foam upon the sea! I shall not hear the music of the billows, or see the beautiful flowers and the red sun! Can I, then, do nothing at all to win an immortal soul?"

De là, elle voyait au clair de la lune le jeune prince, qui se croyait seul ; souvent, au son de la musique, il passa devant elle dans un riche bateau pavoisé, et ceux qui apercevaient son voile blanc dans les roseaux verts la prenaient pour un cygne ouvrant ses ailes.

Elle entendait aussi les pêcheurs dire beaucoup de bien du jeune prince, et alors elle se réjouissait de lui avoir sauvé la vie, quoiqu'il l'ignorât complètement.

Son affection pour les hommes croissait de jour en jour, de jour en jour aussi elle désirait davantage s'élever jusqu'à eux. Leur monde lui semblait bien plus vaste que le sien ; ils savaient franchir la mer avec des navires, grimper sur les hautes montagnes au delà des nues ; ils jouissaient d'immenses forêts et de champs verdoyants. Ses sœurs ne pouvant satisfaire toute sa curiosité, elle questionna sa vieille grand'mère, qui connaissait bien le monde plus élevé, celui qu'elle appelait à juste titre les pays au-dessus de la mer.

« Si les hommes ne se noient pas, demanda la jeune princesse, est-ce qu'ils vivent éternellement ? Ne meurent-ils pas comme nous ? »

— Sans doute, répondit la vieille, ils meurent, et leur existence est même plus courte que la nôtre. Nous autres, nous vivons quelquefois trois cents ans ; puis, cessant d'exister, nous nous transformons en écume, car au fond de la mer ne se trouvent point de tombes pour recevoir les corps inanimés. Notre âme n'est pas immortelle ; avec la mort tout est fini. Nous sommes comme les roseaux verts : une fois coupés, ils ne verdissent plus jamais ! Les hommes, au contraire, possèdent une âme qui vit éternellement, qui vit après que leur corps s'est changé en poussière ; cette âme monte à travers la subtilité de l'air jusqu'aux étoiles qui brillent, et, de même que nous nous élevons du fond des eaux pour voir le pays des hommes, ainsi eux s'élèvent à de délicieux endroits, immenses, inaccessibles aux peuples de la mer.

— Mais pourquoi n'avons-nous pas aussi une âme immortelle ? dit la petite sirène affligée ; je donnerais volontiers les centaines d'années qui me restent à vivre pour être homme, ne fût-ce qu'un jour, et participer ensuite au monde céleste.

— Ne pense pas à de pareilles sottises, répliqua la vieille ; nous sommes bien plus heureux ici en bas que les hommes là-haut.

— Il faut donc un jour que je meure ; je ne serai plus qu'un peu d'écume ; pour moi plus de murmure des vagues, plus de fleurs, plus de soleil ! N'est-il donc aucun moyen pour moi d'acquérir une âme immortelle ?

"No," said the old queen-dowager. "Only if a man came to love you so much that you were more to him than his father or mother, if he clung to you with all his heart and all his love, and let the parson put his right hand into yours with a promise to be faithful to you here and for all eternity, then his soul would flow into your body, and you would also partake of the happiness of mankind. He would give you his soul and still retain his own. But that can never happen. What we here in the sea consider most beautiful, our fish's tail, they would consider ugly upon earth. Poor people! They do not understand any better. Up there you must have two clumsy supports which they call legs to be considered beautiful."

Then the little mermaid sighed, and looked sadly at her fish's tail.

"Let us be satisfied with our lot," said the old lady; "we will frisk and leap about during the three hundred years we have to live in. That is surely long enough. After that one can rest all the more contentedly in one's grave. This evening we are going to have a court ball."

No such display of splendor has ever been witnessed on earth. The walls and ceiling in the large ball-room were of thick but transparent glass. Several hundreds of colossal mussel-shells, pink and grass-green, were placed in rows on each side, with blue fires, which lighted up the whole hall and shone through the walls, so that the sea outside was quite lit up. One could see all the innumerable fishes, great and small, swimming up to the glass walls. On some the scales shone in purple, and on others they appeared to be silver and gold.

Through the middle of the hall flowed a broad stream, in which the mermen and mermaids danced to their own song. Such beautiful voices the inhabitants of the earth never possessed. The little mermaid sang the most beautifully of all, and they clapped their hands to her, and for a moment she felt joyful at heart, for she knew that she had the loveliest voice of any to be found on earth or in the sea. But soon she began again to think of the world above. She could not forget the handsome prince, and her sorrow at not possessing an immortal soul like his. She therefore stole out of her father's palace, and while everybody was merry and singing she sat sad at heart in her little garden. Suddenly she heard the sound of a bugle through the water, and she thought to herself, "Now he is out sailing—he whom I love more than father and mother, he to whom my thoughts cling, and in whose hands I would place the happiness of my life. I will risk everything to win him and an immortal soul. While my sisters are dancing in my father's palace I will go to the sea witch, of whom I have always been so frightened. She may advise and help me."

The little mermaid then went out of her garden toward the roaring whirlpools behind which the witch lived. She had never been that way before. Neither flowers nor seaweed grew there.

— Un seul, mais à peu près impossible. Il faudrait qu'un homme conçût pour toi un amour infini, que tu lui devinsses plus chère que son père et sa mère. Alors, attaché à toi de toute son âme et de tout son cœur, s'il faisait unir par un prêtre sa main droite à la tienne en promettant une fidélité éternelle, son âme se communiquerait à ton corps, et tu serais admise au bonheur des hommes. Mais jamais une telle chose ne pourra se faire ! Ce qui passe ici dans la mer pour la plus grande beauté, ta queue de poisson, ils la trouvent détestable sur la terre. Pauvres hommes ! Pour être beaux, ils s'imaginent qu'il leur faut deux supports grossiers, qu'ils appellent jambes !

La petite sirène soupira tristement en regardant sa queue de poisson.

« Soyons gaies ! dit la vieille, sautons et amusons-nous le plus possible pendant les trois cents années de notre existence ; c'est, ma foi, un laps de temps assez gentil, nous nous reposerons d'autant mieux après. Ce soir il y a bal à la cour. »

On ne peut se faire une idée sur la terre d'une pareille magnificence. La grande salle de danse tout entière n'était que de cristal ; des milliers de coquillages énormes, rangés de chaque côté, éclairaient la salle d'une lumière bleuâtre, qui, à travers les murs transparents, illuminait aussi la mer au dehors. On y voyait nager d'innombrables poissons, grands et petits, couverts d'écailles luisantes comme de la pourpre, de l'or et de l'argent.

Au milieu de la salle coulait une large rivière sur laquelle dansaient les dauphins et les sirènes, au son de leur propre voix, qui était superbe. La petite sirène fut celle qui chanta le mieux, et on l'applaudit si fort, que pendant un instant la satisfaction lui fit oublier les merveilles de la terre. Mais bientôt elle reprit ses anciens chagrins, pensant au beau prince et à son âme immortelle. Elle quitta le chant et les rires, sortit tout doucement du château, et s'assit dans son petit jardin. Là, elle entendit le son des cors qui pénétrait l'eau.

« Le voilà qui passe, celui que j'aime de tout mon cœur et de toute mon âme, celui qui occupe toutes mes pensées, à qui je voudrais confier le bonheur de ma vie ! Je risquerais tout pour lui et pour gagner une âme immortelle. Pendant que mes sœurs dansent dans le château de mon père, je vais aller trouver la sorcière de la mer, que j'ai tant eue en horreur jusqu'à ce jour. Ellepourra peut-être me donner des conseils et me venir en aide. »

Et la petite sirène, sortant de son jardin, se dirigea vers les tourbillons mugissants derrière lesquels demeurait la sorcière. Jamais elle n'avait suivi ce chemin. Pas une fleur ni un brin d'herbe n'y poussait.

Only the bare, gray sandy bottom could be seen stretching away to the whirlpools where the water whirled round like roaring mill-wheels, tearing everything they got hold of down with them into the abyss below. She had to make her way through these roaring whirlpools to get into the sea witch's district, and for a long distance there was no other way than over hot, bubbling mud, which the witch called her turf-moor. Behind it lay her house, in the middle of a weird forest. All trees and bushes were polyps, half animal, half plant. They looked like hundred-headed snakes growing out of the ground. All the branches were long slimy arms with fingers like wiry worms, and they moved, joint by joint, from the root to the outermost point. They twisted themselves firmly around everything they could seize hold of in the sea, and never released their grip.

The little mermaid stood quite frightened before all this, her heart beat with fear, and she was nearly turning back, but then she thought of the prince and man's immortal soul, and this gave her courage. She twisted her long, flowing hair tightly round her head, so that the polyps should not seize her by it, crossed both her hands on her breast, and then darted forward as rapidly as fish can shoot through the water, in between the polyps, which stretched out their wiry arms and fingers after her. She noticed how they all held something which they had seized—held with a hundred little arms as if with iron bands.

* * *

Le fond, de sable gris et nu, s'étendait jusqu'à l'endroit où l'eau, comme des meules de moulin, tournait rapidement sur elle-même, engloutissant tout ce qu'elle pouvait attraper. La princesse se vit obligée de traverser ces terribles tourbillons pour arriver aux domaines de la sorcière, dont la maison s'élevait au milieu d'une forêt étrange. Tous les arbres et tous les buissons n'étaient que des polypes, moitié animaux, moitié plantes, pareils à des serpents à cent têtes sortant de terre. Les branches étaient des bras longs et gluants, terminés par des doigts en forme de vers, et qui remuaient continuellement. Ces bras s'enlaçaient sur tout ce qu'ils pouvaient saisir, et ne le lâchaient plus.

La petite sirène, prise de frayeur, aurait voulu s'en retourner ; mais en pensant au prince et à l'âme de l'homme, elle s'arma de tout son courage. Elle attacha autour de sa tête sa longue chevelure flottante, pour que les polypes ne pussent la saisir, croisa ses bras sur sa poitrine, et nagea ainsi, rapide comme un poisson, parmi ces vilaines créatures dont chacune serrait comme avec des liens de fer quelque chose entre ses bras.

The white skeletons of people who had perished at sea and sunk to the bottom could be seen firmly fixed in the arms of the polyps, together with ships' rudders and sea chests, skeletons of land animals, and a little mermaid whom they had caught and strangled. This was the most terrible sight of all to her.

She now came to a large slimy place in the forest, where great fat water snakes were rolling about, showing their ugly whitish-yellow bellies. In the middle of the open space stood a house built of the white bones of the people who had been wrecked. There the sea witch was sitting, while a toad was eating out of her mouth, just as a human being lets a little canary bird eat sugar from his mouth. The ugly, fat water snakes she called her little chickens, and allowed them to crawl all over her bosom.

"I know what you want," said the witch; "it is very stupid of you. But you shall have your way, for it is sure to bring you unhappiness, my pretty princess. You want to get rid of your fish's tail and to have two stumps instead to walk upon, like human beings, so that the young prince may fall in love with you, and that you may get him and an immortal soul."

* * *

Soit des squelettes blancs de naufragés, soit des rames, soit des caisses ou des carcasses d'animaux. Pour comble d'effroi, la princesse en vit une qui enlaçait une petite sirène étouffée.

Enfin elle arriva à une grande place dans la forêt, où de gros serpents de mer se roulaient en montrant leur hideux ventre jaunâtre. Au milieu de cette place se trouvait la maison de la sorcière, construite avec les os des naufragés, et où la sorcière, assise sur une grosse pierre, donnait à manger à un crapaud dans sa main, comme les hommes font manger du sucre aux petits canaris. Elle appelait les affreux serpents ses petits poulets, et se plaisait à les faire rouler sur sa grosse poitrine spongieuse.

« Je sais ce que tu veux, s'écria-t-elle en apercevant la princesse ; tes désirs sont stupides ; néanmoins je m'y prêterai, car je sais qu'ils te porteront malheur. Tu veux te débarrasser de ta queue de poisson, et la remplacer par deux de ces pièces avec lesquelles marchent les hommes, afin que le prince s'amourache de toi, t'épouse et te donne une âme immortelle. »

And then the witch laughed so loudly and horribly that the toad and the snakes fell down to the ground, where they rolled about.

"You come only just in time," said the witch, "for after sunrise tomorrow I should not be able to help you till another year had passed. I will make a drink for you, with which you must proceed to land before the sun rises, and then sit down on the shore and drink it, when your tail will be parted in two and shrink to what human beings call pretty legs; but it will cause you great pain—you will feel as if a sharp sword went through you. Every one who sees you will say you are the most beautiful human child they have seen. You will keep your graceful walk, no dancer will be able to float about like you; but at every step you take you will feel as if you stepped on a sharp knife, and as if your blood must flow. If you will suffer all this, I will help you."

"Yes," said the little mermaid, in a trembling voice, thinking only of the prince and of winning an immortal soul.

"But remember," said the witch, "when once you have assumed the human form, you can never become a mermaid again."

* * *

À ces mots elle éclata d'un rire épouvantable, qui fit tomber à terre le crapaud et les serpents.

« Enfin tu as bien fait de venir ; demain, au lever du soleil, c'eût été trop tard, et il t'aurait fallu attendre encore une année. Je vais te préparer un élixir que tu emporteras à terre avant le point du jour. Assieds-toi sur la côte, et bois-le.

Aussitôt ta queue se rétrécira et se partagera en ce que les hommes appellent deux belles jambes.

Mais je te préviens que cela te fera souffrir comme si l'on te coupait avec une épée tranchante. Tout le monde admirera ta beauté, tu conserveras ta marche légère et gracieuse, mais chacun de tes pas te causera autant de douleur que si tu marchais sur des pointes d'épingle, et fera couler ton sang. Si tu veux endurer toutes ces souffrances, je consens à t'aider. »

— Je les supporterai ! dit la sirène d'une voix tremblante, en pensant au prince et à l'âme immortelle.

— Mais souviens-toi, continua la sorcière, qu'une fois changée en être humain, jamais tu ne pourras redevenir sirène !

"You will never be able to descend through the water to your sisters, or to your father's palace, and if you do not win the prince's love so that he forgets his father and mother for your sake and clings to you with all his heart, and lets the parson join your hands making you man and wife, then you will not receive an immortal soul. The first morning after he has married another your heart will break, and you will become foam on the water."

"I will do it," said the little mermaid, and turned as pale as death.

"But you will have to pay me as well," said the witch; "and it is not a trifle I ask. You have the loveliest voice of all down here at the bottom of the sea, and with that you think of course you will be able to enchant him, but that voice you must give to me. I will have the best thing you possess for my precious draught. I shall have to give you my own blood in it, so that the draught may become as sharp as a double-edged sword."

"But if you take away my voice," said the little mermaid, "what have I then left?"

"Your beautiful form," said the witch, "your graceful walk, and your expressive eyes. With these you can surely infatuate a human heart. Put out your little tongue and I will cut it off as my payment, and you shall then have the powerful draught."

"So be it," said the little mermaid; and the witch put the caldron on the fire to boil the magic draught.

"Cleanliness is a virtue!" she said, and took the snakes and tied them in a knot to scour out the caldron with. She then slashed her chest and let her black blood drop into the caldron. The steam formed itself into the most fantastic figures, so that one could not help being frightened and scared. Every moment the witch threw some new ingredients into the caldron, and when it began to boil it sounded like the weeping of a crocodile. At last the draught was ready, and it looked like the purest water.

"There it is," said the witch, and cut off the little mermaid's tongue. She was now dumb, and could neither sing nor speak.

"If the polyps should get hold of you when you pass through my forest," said the witch, "then throw just a single drop of this draught over them, and their arms and fingers will be rent in a thousand pieces."

But there was no need for the little mermaid to do so, for the polyps drew back from her in fear when they saw the sparkling draught which shone in her hand as if it were a glittering star. Thus she quickly got through the forest, the marsh, and the roaring whirlpools.

She could see her father's palace. The lights in the great ball-room were extinguished. All were now, no doubt, asleep; but she did not venture to go with them now that she was dumb and was going away from them forever. It seemed as if her heart would break with sorrow.

— Jamais tu ne reverras le château de ton père ; et si le prince, oubliant son père et sa mère, ne s'attache pas à toi de tout son cœur et de toute son âme, ou s'il ne veut pas faire bénir votre union par un prêtre, tu n'auras jamais une âme immortelle. Le jour où il épousera une autre femme, ton cœur se brisera, et tu ne seras plus qu'un peu d'écume sur la cime des vagues.

— J'y consens, dit la princesse, pâle comme la mort.

— En ce cas, poursuivit la sorcière, il faut aussi que tu me payes ; et je ne demande pas peu de chose. Ta voix est la plus belle parmi celles du fond de la mer, tu penses avec elle enchanter le prince, mais c'est précisément ta voix que j'exige en payement. Je veux ce que tu as de plus beau en échange de mon précieux élixir ; car, pour le rendre bien efficace, je dois y verser mon propre sang.

— Mais si tu prends ma voix, demanda la petite sirène, que me restera-t-il ?

— Ta charmante figure, répondit la sorcière, ta marche légère et gracieuse, et tes yeux expressifs : cela suffit pour entortiller le cœur d'un homme. Allons ! du courage ! Tire ta langue, que je la coupe, puis je te donnerai l'élixir.

— Soit ! » répondit la princesse, et la sorcière lui coupa la langue. La pauvre enfant resta muette.

Là-dessus, la sorcière mit son chaudron sur le feu pour faire bouillir la boisson magique.

« La propreté est une bonne chose, » dit-elle en prenant un paquet de vipères pour nettoyer le chaudron. Puis, se faisant une entaille dans la poitrine, elle laissa couler son sang noir dans le chaudron.

Une vapeur épaisse en sortit, formant des figures bizarres, affreuses. À chaque instant, la vieille ajoutait un nouvel ingrédient, et, lorsque le mélange bouillit à gros bouillons, il rendit un son pareil aux gémissements du crocodile. L'élixir, une fois préparé, ressemblait à de l'eau claire.

« Le voici, dit la sorcière, après l'avoir versé dans une fiole. Si les polypes voulaient te saisir, quand tu t'en retourneras par ma forêt, tu n'as qu'à leur jeter une goutte de cette boisson, et ils éclateront en mille morceaux. »

Ce conseil était inutile ; car les polypes, en apercevant l'élixir qui luisait dans la main de la princesse comme une étoile, reculèrent effrayés devant elle. Ainsi elle traversa la forêt et les tourbillons mugissants.

Quand elle arriva au château de son père, les lumières de la grande salle de danse étaient éteintes ; tout le monde dormait sans doute, mais elle n'osa pas entrer. Elle ne pouvait plus leur parler, et bientôt elle allait les quitter pour jamais. Il lui semblait que son cœur se brisait de chagrin. Elle se glissa ensuite dans le jardin, cueillit une fleur de chaque parterre de ses sœurs, envoya du bout des doigts mille baisers au château, et monta à la surface de la mer.

The sun had not yet risen when she saw the prince's palace and arrived at the magnificent marble steps, but the moon was shining bright and clear. The little mermaid drank the strong and fiery draught; she felt as if a two-edged sword went through her delicate frame; she fell down in a swoon, and lay like one dead. When the sun began to shine across the waters she came to herself and felt a burning pain.

But right in front of her stood the handsome young prince. He looked at her so fixedly with his coal-black eyes that she cast down her own, and then discovered that her fish's tail had vanished, and that she had the prettiest little white feet that any young girl could possess. But she was quite unclothed, and she therefore wrapped herself in her long, luxuriant hair. The prince asked her who she was, and how she got there; and she looked at him so mildly and yet so sadly with her dark blue eyes, for speak she could not. He then took her by the hand and led her into the palace. As the witch had told her, each step she made was as if she was treading on the points of awls and sharp knives; but she bore it gladly. Holding the prince's hand, she walked as lightly as a soap-bubble, and he and all the people at court were surprised at her graceful walk.

* * *

Le soleil ne s'était pas encore levé lorsqu'elle vit le château du prince. Elle s'assit sur la côte et but l'élixir ; ce fut comme si une épée affilée lui traversait le corps ; elle s'évanouit et resta comme morte. Le soleil brillait déjà sur la mer lorsqu'elle se réveilla, éprouvant une douleur cuisante. Mais en face d'elle était le beau prince, qui attachait sur elle ses yeux noirs. La petite sirène baissa les siens, et alors elle vit que sa queue de poisson avait disparu, et que deux jambes blanches et gracieuses la remplaçaient.

Le prince lui demanda qui elle était et d'où elle venait ; elle le regarda d'un air doux et affligé, sans pouvoir dire un mot. Puis le jeune homme la prit par la main et la conduisit au château. Chaque pas, comme avait dit la sorcière, lui causait des douleurs atroces ; cependant, au bras du prince, elle monta l'escalier de marbre, légère comme une bulle de savon, et tout le monde admira sa marche gracieuse.

Costly clothes of silk and muslin were now brought to her, in which she arrayed herself. She was the most beautiful of all in the palace, but she was dumb, and could neither sing nor speak. Lovely female slaves, dressed in silk and gold, appeared and sang before the prince and his royal parents. One of them sang more beautifully than all the others, and the prince clapped his hands and smiled at her. The little mermaid thought to herself: "Oh, if he could only know that I have given away my voice forever to be near him!"

The slaves now began dancing graceful aerial dances to the loveliest music. Then the little mermaid lifted up her lovely white arms, raised herself on the tips of her toes, and glided over the door, dancing as no one yet had danced. At each movement her beauty became more apparent, and her eyes spoke more deeply to the heart than the song of the slave girls. All were delighted with her, especially the prince, who called her his little foundling; and she went on dancing more and more, although each time her feet touched the ground she felt as if she were treading on sharp knives.

The prince had a male costume made for her, so that she could accompany him on horseback. They rode through the fragrant forests and climbed the lofty mountains; and although her tender feet bled so that the others could see it, she only laughed.

* * *

On la revêtit de soie et de mousseline, sans pouvoir assez admirer sa beauté ; mais elle restait toujours muette. Des esclaves, habillées de soie et d'or, chantaient devant le prince les exploits de ses ancêtres ; elles chantaient bien, et le prince les applaudissait en souriant à la jeune fille.

« S'il savait, pensa-t-elle, que pour lui j'ai sacrifié une voix plus belle encore ! »

Après le chant, les esclaves exécutèrent une danse gracieuse au son d'une musique charmante. Mais lorsque la petite sirène se mit à danser, élevant ses bras blancs et se tenant sur la pointe des pieds, sans toucher presque le plancher, tandis que ses yeux parlaient au cœur mieux que le chant des esclaves, tous furent ravis en extase ; le prince s'écria qu'elle ne le quitterait jamais, et lui permit de dormir à sa porte sur un coussin de velours. Tout le monde ignorait les souffrances qu'elle avait endurées en dansant.

Le lendemain, le prince lui donna un costume d'amazone pour qu'elle le suivît à cheval. Ils traversèrent ainsi les forêts parfumées et gravirent les hautes montagnes ; la princesse, tout en riant, sentait saigner ses pieds.

At night, when all the others at the prince's palace slept, she went down to the broad marble steps, where it cooled her burning feet to stand in the cold sea-water, while she thought of all dear to her far down in the deep.

One night her sisters came arm in arm, singing most mournfully as they glided over the water. She beckoned to them, and they recognized her, and told her how sad she had made them all. After that they visited her every night; and one night she saw far away her old grandmother, who had not been to the surface for many years, and the sea king with his crown on his head. They stretched out their hands toward her, but did not venture so near land as her sisters.

Day by day the prince became fonder of her. He loved her as one loves a good, dear child, but he never thought of making her his queen. She would have to become his wife, otherwise she would not receive an immortal soul, and would be turned into froth on the sea on the morning of his wedding-day.

"Do you not love me most of them all?" the eyes of the little mermaid seemed to say when he took her in his arms and kissed her beautiful forehead.

* * *

La nuit, lorsque les autres dormaient, elle descendit secrètement l'escalier de marbre et se rendit à la côte pour rafraîchir ses pieds brûlants dans l'eau froide de la mer, et le souvenir de sa patrie revint à son esprit.

Une nuit elle vit ses sœurs qui nageaient enlacées, elles chantaient tristement et elle leur fit signe. Ses sœurs la reconnurent et lui dirent combien elle avait fait de peine à tous. Depuis lors, elles lui rendirent visite chaque soir, une fois même la petite sirène aperçut au loin sa vieille grand-mère qui depuis bien des années n'était montée à travers la mer et même le roi, son père, avec sa couronne sur la tête. Tous deux lui tendaient le bras mais n'osaient s'approcher au- tant que ses sœurs.

De jour en jour, elle devenait plus chère au prince ; il l'aimait comme on aime un gentil enfant tendrement chéri, mais en faire une reine ! Il n'en avait pas la moindre idée, et c'est sa femme qu'il fallait qu'elle devînt, sinon elle n'aurait jamais une âme immortelle et, au matin qui suivrait le jour de ses noces, elle ne serait plus qu'écume sur la mer.

— Ne m'aimes-tu pas mieux que toutes les autres ? semblaient dire les yeux de la petite sirène quand il la prenait dans ses bras et baisait son beau front.

"Yes, you are most dear to me," said the prince, "for you have the best heart of all of them. You are the most devoted to me, and you are like a young girl whom I once saw, but whom I fear I shall never find again. I was on board a ship which was wrecked, and the waves washed me ashore close to a holy temple, where several young maidens were in attendance. The youngest of them found me on the shore and saved my life. I saw her only twice. She was the only one I could love in the world; but you are like her, and you have almost driven her image out of my mind. She belongs to the holy temple, and therefore my good fortune has sent you to me. We shall never part."

"Alas! He does not know that I saved his life," thought the little mermaid. "I carried him across the sea to the forest where the temple stands. I sat behind the foam and watched for some one to come. I saw the beautiful maiden whom he loves more than me." And the mermaid sighed deeply, since she could not cry. "The maiden belongs to the holy temple, he told me. She will never come out into the world. They do not see each other any more. I am with him, and see him every day. I will cherish him, love him, and give my life for him."

But then she heard that the prince was to be married to the beautiful daughter of the neighboring king, and that was the reason he was fitting out such a splendid ship. The prince was going to visit the countries of the neighboring king, it was said; but it was to see the king's daughter, and he was going to have a great suite with him. But the little mermaid shook her head and smiled. She knew the prince's thoughts better than all the others.

"I must go," he had said to her. "I must see the beautiful princess. My parents demand it; but they will not compel me to bring her home as my bride. I cannot love her. She is not like the beautiful girl in the temple, whom you are so like. If, some day, I were to choose a bride, I would rather choose you, my dumb foundling with the eloquent eyes." And he kissed her rosy lips, played with her long hair, and laid his head on her heart, while she dreamed of human happiness and an immortal soul.

"You are not afraid of the sea, my dumb child," said he, as they stood on board the noble ship which was to carry him to the country of the neighboring king; and he told her about storms and calms, about strange fishes in the deep, and what the divers had seen there; and she smiled at his stories, for she knew, of course, more than anyone else about the wonders of the deep.

In the moonlight night, when all were asleep except the steersman who stood at the helm, she sat on the gunwale of the ship, looking down into the clear water. She thought she saw her father's palace, and in the uppermost part of it her old grandmother, with the silver crown on her head, gazing up through the turbulent current caused by the keel of the ship.

— Oui, tu m'es la plus chère, disait le prince, car ton cœur est le meilleur, tu m'est la plus dévouée et tu ressembles à une jeune fille une fois aperçue, mais que je ne retrouverai sans doute jamais. J'étais sur un vaisseau qui fit naufrage, les vagues me jetèrent sur la côte près d'un temple desservi par quelques jeunes filles ; la plus jeune me trouva sur le rivage et me sauva la vie. Je ne l'ai vue que deux fois et elle est la seule que j'eusse pu aimer d'amour en ce monde, mais toi tu lui ressembles, tu effaces presque son image dans mon âme puisqu'elle appartient au temple. C'est ma bonne étoile qui t'a envoyée à moi. Nous ne nous quitterons jamais.

" Hélas ! il ne sait pas que c'est moi qui ai sauvé sa vie ! pensait la petite sirène. Je l'ai porté sur les flots jusqu'à la forêt près de laquelle s'élève le temple, puis je me cachais derrière l'écume et regardais si personne ne viendrait. J'ai vu la belle jeune fille qu'il aime plus que moi. "

La petite sirène poussa un profond soupir. Pleurer, elle ne le pouvait pas.

— La jeune fille appartient au lieu saint, elle n'en sortira jamais pour retourner dans le monde, ils ne se rencontreront plus, moi, je suis chez lui, je le vois tous les jours, je le soignerai, je l'adorerai, je lui dévouerai ma vie.

Mais voilà qu'on commence à murmurer que le prince va se marier, qu'il épouse la ravissante jeune fille du roi voisin, que c'est pour cela qu'il arme un vaisseau magnifique ... On dit que le prince va voyager pour voir les Etats du roi voisin, mais c'est plutôt pour voir la fille du roi voisin et une grande suite l'accompagnera ... Mais la petite sirène secoue la tête et rit, elle connaît les pensées du prince bien mieux que tous les autres.

— Je dois partir en voyage, lui avait-il dit. Je dois voir la belle princesse, mes parents l'exigent, mais m'obliger à la ramener ici, en faire mon épouse, cela ils n'y réussiront pas, je ne peux pas l'aimer d'amour, elle ne ressemble pas comme toi à la belle jeune fille du temple. Si je devais un jour choisir une épouse ce serait plutôt toi, mon enfant trouvée qui ne dis rien, mais dont les yeux parlent.

Et il baisait ses lèvres rouges, jouait avec ses longs cheveux et posait sa tête sur son cœur qui se mettait à rêver de bonheur humain et d'une âme immortelle.

— Toi, tu n'as sûrement pas peur de la mer, ma petite muette chérie ! lui dit-il lorsqu'ils montèrent à bord du vaisseau qui devait les conduire dans le pays du roi voisin. Il lui parlait de la mer tempétueuse et de la mer calme, des étranges poissons des grandes profondeurs et de ce que les plongeurs y avaient vu. Elle souriait de ce qu'il racontait, ne connaissait-elle pas mieux que quiconque le fond de l'océan.

Dans la nuit, au clair de lune, alors que tous dormaient à bord, sauf le marin au gouvernail, debout près du bastingage elle scrutait l'eau limpide, il lui semblait voir le château de son père et, dans les combles, sa vieille grand- mère, couronne d'argent sur la tête, cherchant des yeux à travers les courants la quille du bateau.

Just then her sisters came up to the surface, staring sorrowfully at her and wringing their white hands. She beckoned to them, smiled, and wanted to tell them that she was well and happy, but the ship's boy came up to her, and the sisters dived down, so that he remained in the belief that the white objects he had seen were the foam on the sea.

The following morning the ship sailed into the harbor of the beautiful city of the neighboring king. All the church bells were ringing, and from the lofty towers trumpets were being blown, while the soldiers were standing with flying colors and glittering bayonets. Every day there was a festival. Balls and parties followed one another; but the princess had not as yet appeared. She was being brought up at a holy temple far away, they said, where she learned every royal virtue. At last she came.

The little mermaid was very anxious to see her beauty, and she had to acknowledge that a more beautiful being she had never seen. Her skin was so fine and clear, and from behind her long dark eyelashes shone a pair of dark blue, faithful eyes.

"It is you," said the prince—"you who saved my life when I lay like a corpse on the shore." And he folded his blushing bride in his arms.

"Oh, I am far too happy!" he said to the little mermaid. "My highest wish, that which I never dared to hope for, has been fulfilled. You will rejoice at my happiness, for you love me more than all of them."

And the little mermaid kissed his hand, and felt already as if her heart were breaking. His wedding morning would bring death to her, and change her into foam on the sea.

All the church bells were ringing, and heralds rode about the streets proclaiming the betrothal. On all the altars fragrant oil was burning in costly silver lamps. The priests swung jars with incense, and the bride and bridegroom joined hands and received the blessing of the bishop. The little mermaid stood dressed in silk and gold, holding the bride's train, but her ears did not hear the festive music, and her eyes did not see the holy ceremony. She was thinking only of the approaching night, which meant death to her, and of all she had lost in this world.

The very same evening the bride and the bridegroom went on board the ship, the cannons roared, all the flags were waving, and in the middle of the deck a royal tent of purple and gold, with the most sumptuous couches, had been erected. There should the bridal pair rest during the quiet, cool night.

The sails swelled in the wind, and the ship glided smoothly and almost motionless over the bright sea.

Puis ses sœurs arrivèrent à la surface, la regardant tristement et tordant leurs mains blanches. Elle leur fit signe, leur sourit, voulut leur dire que tout allait bien, qu'elle était heureuse, mais un mousse s'approchant, les sœurs replongèrent et le garçon demeura persuadé que cette blancheur aperçue n'était qu'écume sur l'eau.

Le lendemain matin le vaisseau fit son entrée dans le port splendide de la capitale du roi voisin. Les cloches des églises sonnaient, du haut des tours on soufflait dans les trompettes tandis que les soldats sous les drapeaux flottants présentaient les armes.

Chaque jour il y eut fête; bals et réceptions se succédaient mais la princesse ne paraissait pas encore. On disait qu'elle était élevée au loin, dans un couvent où lui étaient enseignées toutes les vertus royales.

Elle vint, enfin !

La petite sirène était fort impatiente de juger de sa beauté. Il lui fallut reconnaître qu'elle n'avait jamais vu fille plus gracieuse. Sa peau était douce et pâle et derrière les longs cils deux yeux fidèles, d'un bleu sombre, souriaient. C'était la jeune fille du temple ...

— C'est toi ! dit le prince, je te retrouve - toi qui m'as sauvé lorsque je gisais comme mort sur la grève ! Et il serra dans ses bras sa fiancée rougissante. Oh ! je suis trop heureux, dit-il à la petite sirène. Voilà que se réalise ce que je n'eusse jamais osé espérer. Toi qui m'aimes mieux que tous les autres, tu te réjouiras de mon bonheur.

La petite sirène lui baisait les mains, mais elle sentait son cœur se briser. Ne devait-elle pas mourir au matin qui suivrait les noces ? Mourir et n'être plus qu'écume sur la mer !

Des hérauts parcouraient les rues à cheval proclamant les fiançailles. Bientôt toutes les cloches des églises sonnèrent, sur tous les autels des huiles parfumées brûlaient dans de précieux vases d'argent, les prêtres balancèrent les encensoirs et les époux se tendirent la main et reçurent la bénédiction de l'évêque.

La petite sirène, vêtue de soie et d'or, tenait la traîne de la mariée mais elle n'entendait pas la musique sacrée, ses yeux ne voyaient pas la cérémonie sainte, elle pensait à la nuit de sa mort, à tout ce qu'elle avait perdu en ce monde.

Le soir même les époux s'embarquèrent aux salves des canons, sous les drapeaux flottants.

Au milieu du pont, une tente d'or et de pourpre avait été dressée, garnie de coussins moelleux où les époux reposeraient dans le calme et la fraîcheur de la nuit.

Les voiles se gonflèrent au vent et le bateau glissa sans effort et sans presque se balancer sur la mer limpide.

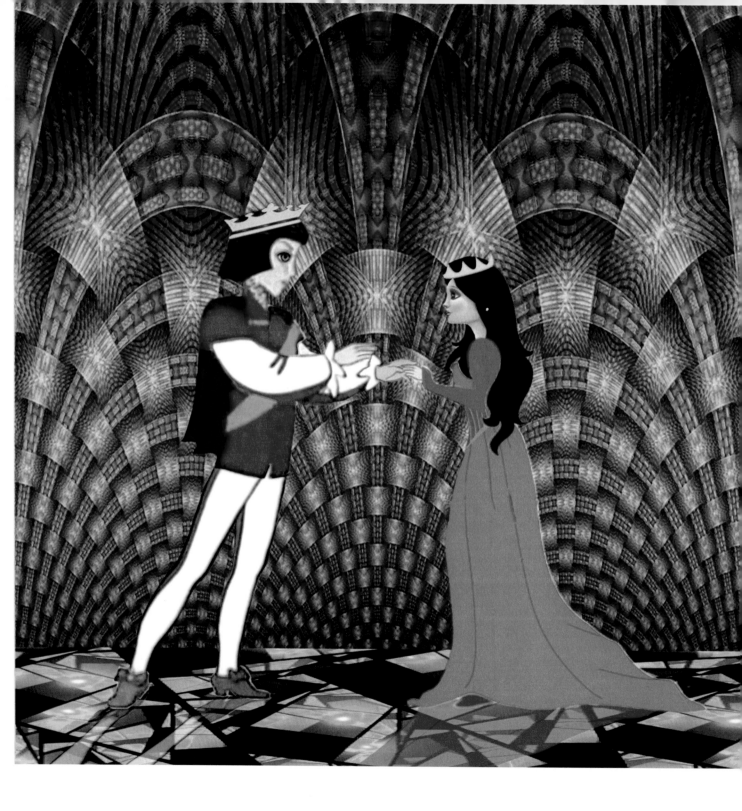

When it grew dark gaily colored lanterns were lighted, and the sailors danced merry dances on the deck. The little mermaid could not help thinking of the first time she rose out of the sea and saw the same splendor and merriment, and she joined in the dance, whirling round and round like the swallows when they are pursued. All applauded her. Never before had she danced so charmingly. Her tender feet felt as if they were being pierced by sharp knives, but she did not feel this; her heart suffered from a far more terrible pain. She knew it was the last evening she should see him for whom she had left her relations and her home, for whom she had given up her beautiful voice, and had daily suffered infinite agonies, of which he had no idea. It was the last night she would breathe the same air as he, and see the deep sea and the starlit sky. An eternal night without thoughts and dreams awaited her, who had no soul, who could never gain one. On board the ship the rejoicings and the merriment went on until far beyond midnight. She laughed and danced while the thoughts of death were uppermost in her mind. The prince kissed his lovely bride, and she played with his black locks, and arm in arm they went to rest in the magnificent tent.

* * *

La nuit venue on alluma des lumières de toutes les couleurs et les marins se mirent à danser. La petite sirène pensait au soir où, pour la première fois, elle avait émergé de la mer et avait aperçu le même faste et la même joie. Elle se jeta dans le tourbillon de la danse, ondulant comme ondule un cygne pourchassé et tout le monde l'acclamait et l'admirait : elle n'avait jamais dansé si divinement. Si des lames aiguës transperçaient ses pieds délicats, elle ne les sentait même pas, son cœur était meurtri d'une bien plus grande douleur. Elle savait qu'elle le voyait pour la dernière fois, lui, pour lequel elle avait abandonné les siens et son foyer, perdu sa voix exquise et souffert chaque jour d'indicibles tourments, sans qu'il en eût connaissance. C'était la dernière nuit où elle respirait le même air que lui, la dernière fois qu'elle pouvait admirer cette mer profonde, ce ciel plein d'étoiles.

La nuit éternelle, sans pensée et sans rêve, l'attendait, elle qui n'avait pas d'âme et n'en pouvait espérer.

Sur le navire tout fut plaisir et réjouissance jusque bien avant dans la nuit. Elle dansait et riait mais la pensée de la mort était dans son cœur. Le prince embrassait son exquise épouse qui caressait les cheveux noirs de son époux, puis la tenant à son bras il l'amena se reposer sous la tente splendide.

Everything then became quiet on the ship, only the steersman was standing at the helm, and the little mermaid laid her white arms on the gunwale and gazed toward the east for the first blush of the morning. The first ray of the sun, she knew, would be her death. Then she saw her sisters rising from the sea. They were as pale as she, and their long, beautiful hair no longer waved in the wind. It had been cut off.

"We have given it to the witch, that she might help you, that you may not die this night. She has given us a knife; here it is. See how sharp it is! Before the sun rises you must plunge it into the prince's heart, and when his warm blood touches your feet they will grow together to a fish's tail, and you will become a mermaid again, and can go down with us into the sea and live your three hundred years before you become the dead salt froth on the sea. Make haste! He or you must die before the sun rises."

* * *

Alors, tout fut silence et calme sur le navire. Seul veillait l'homme à la barre. La petite sirène appuya ses bras sur le bastingage et chercha à l'orient la première lueur rose de l'aurore, le premier rayon du soleil qui allait la tuer.

Soudain elle vit ses sœurs apparaître au-dessus de la mer. Elles étaient pâles comme elle-même, leurs longs cheveux ne flottaient plus au vent, on les avait coupés.

— Nous les avons sacrifiés chez la sorcière pour qu'elle nous aide, pour que tu ne meures pas cette nuit. Elle nous a donné un couteau. Le voici. Regarde comme il est aiguisé ... Avant que le jour ne se lève, il faut que tu le plonges dans le cœur du prince et lorsque son sang tout chaud tombera sur tes pieds, ils se réuniront en une queue de poisson et tu redeviendras sirène. Tu pourras descendre sous l'eau jusque chez nous et vivre trois cents ans avant de devenir un peu d'écume salée. Hâte-toi ! L'un de vous deux doit mourir avant l'aurore.

"Our old grandmother is mourning so much for you that her white hair has fallen off, just as ours fell under the scissors of the witch. Kill the prince and come back with us. Make haste! Do you see the red streak on the sky? In a few minutes the sun will rise, and then you must die." And the sisters gave a strange, deep sigh and vanished in the waves.

The little mermaid drew back the purple curtain of the tent, and saw the beautiful bride asleep with her head resting on the prince's breast. She bent down, kissed him on his beautiful forehead, and looked at the sky, where the gleam of the morning was growing brighter and brighter. She glanced at the sharp knife, and again fixed her eyes on the prince, who just then whispered the name of his bride in his dreams. He thought only of her. The knife trembled in the hand of the little mermaid—then she suddenly flung it far away into the waves, which gleamed red where it fell. The bubbles that rose to the surface looked like drops of blood. Once more she looked with dimmed eyes at the prince, and then threw herself from the ship into the sea. She felt her body dissolving itself into foam.

The sun now rose above the horizon, its rays falling so mild and warm on the deadly cold sea foam that the little mermaid did not feel the pangs of death.

* * *

— Notre vieille grand-mère a tant de chagrin qu'elle a, comme nous, laissé couper ses cheveux blancs par les ciseaux de la sorcière. Tue le prince, et reviens-nous. Hâte-toi ! Ne vois-tu pas déjà cette traînée rose à l'horizon ? Dans quelques minutes le soleil se lèvera et il te faudra mourir.

Un soupir étrange monta à leurs lèvres et elles s'enfoncèrent dans les vagues.

La petite sirène écarta le rideau de pourpre de la tente, elle vit la douce épousée dormant la tête appuyée sur l'épaule du prince. Alors elle se pencha et posa un baiser sur le beau front du jeune homme. Son regard chercha le ciel de plus en plus envahi par l'aurore, puis le poignard pointu, puis à nouveau le prince, lequel, dans son sommeil, murmurait le nom de son épouse qui occupait seule ses pensées, et le couteau trembla dans sa main. Alors, tout à coup, elle le lança au loin dans les vagues qui rougirent à l'endroit où il toucha les flots comme si des gouttes de sang jaillissaient à la surface. Une dernière fois, les yeux voilés, elle contempla le prince et se jeta dans la mer où elle sentit son corps se dissoudre en écume.

Maintenant le soleil surgissait majestueusement de la mer. Ses rayons tombaient doux et chauds sur l'écume glacée et la petite sirène ne sentait pas la mort.

She saw the bright sun, and above her floated hundreds of beautiful transparent beings, through whom she could see the white sails of the ships and the red clouds in the sky. Their voice was melodious, but so spiritual that no human ear could hear it, just as no human eye could see them. They had no wings, but soared lightly through the air. The little mermaid now discovered that she had a body like theirs, and that she was gradually rising out of the foam.

"Where am I going?" she asked. And her voice sounded like that of the other beings, so spiritual that no earthly music could reproduce it.

"To the daughters of the air," replied the others. "A mermaid has not an immortal soul, and can never gain one unless she wins the love of a man. Her eternal existence depends upon the power of another. Neither have the daughters of the air any immortal soul, but they can win one by their good deeds. We fly to the warm countries, where the close, pestilent air kills human beings. There we waft cool breezes to them. We spread the perfume of the flowers through the air, and distribute health and healing. When for three hundred years we have striven to do all the good we can, we receive an immortal soul, and can share in the eternal happiness of mankind. You, poor little mermaid, have with all your heart striven to reach the same goal as we. You have suffered and endured, and raised yourself to the world of spirits. Now you can, by good deeds, obtain an immortal soul after three hundred years."

And the little mermaid lifted her transparent arms toward the sun, and for the first time she felt tears coming into her eyes.

On the ship there was again life and merriment. She saw the prince with his beautiful bride searching for her. Sorrowfully they looked at the bubbling foam, as if they knew that she had thrown herself into the sea. Invisibly she kissed the bride's forehead. She gave the prince a smile, and rose with the other children of the air on the rosy cloud which sailed through space. "After three hundred years we shall thus float into the kingdom of heaven."

"We may yet get there earlier," whispered one of them. "Invisibly we float into the houses of mankind, where there are children; and for every day on which we find a good child who brings joy to his parents and deserves their love, our time of probation is shortened. The child does not know when we fly through the room, and when we smile with joy at such a good child, then a year is taken off the three hundred. But if we see a bad and wicked child, we must weep tears of sorrow, and for every tear a day is added to our time of trial."

Elle voyait le clair soleil et, au-dessus d'elle, planaient des centaines de charmants êtres transparents. A travers eux, elle apercevait les voiles blanches du navire, les nuages roses du ciel, leurs voix étaient mélodieuses, mais si immatérielles qu'aucune oreille terrestre ne pouvait les capter, pas plus qu'aucun regard humain ne pouvait les voir. Sans ailes, elles flottaient par leur seule légèreté à travers l'espace. La petite sirène sentit qu'elle avait un corps comme le leur, qui s'élevait de plus en plus haut au-dessus de l'écume.

— Où vais-je ? demanda-t-elle. Et sa voix, comme celle des autres êtres, était si immatérielle qu'aucune musique humaine ne peut l'exprimer.

— Chez les filles de l'air, répondirent-elles. Une sirène n'a pas d'âme immortelle, ne peut jamais en avoir, à moins de gagner l'amour d'un homme. C'est d'une volonté étrangère que dépend son existence éternelle. Les filles de l'air n'ont pas non plus d'âme immortelle, mais elles peuvent, par leurs bonnes actions, s'en créer une. Nous nous envolons vers les pays chauds où les effluves de la peste tuent les hommes, nous y soufflons la fraîcheur. Nous répandons le parfum des fleurs dans l'atmosphère et leur arôme porte le réconfort et la guérison. Lorsque durant trois cents ans nous nous sommes efforcées de faire le bien, tout le bien que nous pouvons, nous obtenons une âme immortelle et prenons part à l'éternelle félicité des hommes. Toi, pauvre petite sirène, tu as de tout cœur cherché le bien comme nous, tu as souffert et supporté de souffrir, tu t'es haussée jusqu'au monde des esprits de l'air, maintenant tu peux toi-même, par tes bonnes actions, te créer une âme immortelle dans trois cents ans.

Alors, la petite sirène leva ses bras transparents vers le soleil de Dieu et, pour la première fois, des larmes montèrent à ses yeux.

Sur le bateau, la vie et le bruit avaient repris, elle vit le prince et sa belle épouse la chercher de tous côtés, elle les vit fixer tristement leurs regards sur l'écume dansante , comme s'ils avaient deviné qu'elle s'était précipitée dans les vagues. Invisible elle baisa le front de l'époux, lui sourit et avec les autres filles de l'air elle monta vers les nuages roses qui voguaient dans l'air.

— Dans trois cents ans, nous entrerons ainsi au royaume de Dieu.

— Nous pouvons même y entrer avant, murmura l'une d'elles. Invisibles nous pénétrons dans les maisons des hommes où il y a des enfants et, chaque fois que nous trouvons un enfant sage, qui donne de la joie à ses parents et mérite leur amour, Dieu raccourcit notre temps d'épreuve.

Lorsque nous voltigeons à travers la chambre et que de bonheur nous sourions, l'enfant ne sait pas qu'un an nous est soustrait sur les trois cents, mais si nous trouvons un enfant cruel et méchant, il nous faut pleurer de chagrin et chaque larme ajoute une journée à notre temps d'épreuve.

Made in the USA
Lexington, KY
28 February 2019